Pierre Pradervand

APRENDER A SER FELIZ

Cómo abrir el corazón

EDICIONES OBELISCO

Colección Nueva Consciencia
APRENDER A SER FELIZ
Pierre Pradervand

1ª edición: noviembre de 2002

Título original: *Le Bonheur, ça s'apprend*

Traducción: *Amalia Peradejordi*
Diseño cubierta: *Michael Newman*
Maquetación: TsEdi, Teleservicios Editoriales, S.L.

Publicado por acuerdo con Editions Vivez Soleil

Pedro IV, 78 (Edif. Pedro IV) 4ª planta, 5ª puerta
08005 Barcelona - España
Tel. 93 309 85 25 - Fax 93 309 85 23
Castillo, 540 - 1414 Buenos Aires (Argentina)
Tel. y Fax 541 14 771 43 82
E-mail: obelisco@edicionesobelisco.com

ISBN: 84-7720-972-3
Depósito Legal: B-38.838-2002

Printed in Spain
Impreso en España en los talleres de Romanyà/Valls S.A.
Verdaguer, 1 - 08786 Capellades (Barcelona)

Este libro está dedicado
a Mireille y Michel Schaller-Doret,
cuya excepcional amistad, desde
hace cuatro decenios, constituye
una gran fuente de felicidad en mi vida.

ADVERTENCIA

Si buscáis una receta para la felicidad
ya preparada y envasada al vacío,
¡no leáis este libro!

Introducción

Una leyenda nos cuenta la historia de un rey que lo tenía todo para ser feliz –un reino en paz, una esposa que lo adoraba, unos hijos hermosos como dioses, una salud ejemplar... pero que no encontraba la felicidad.

Entonces, un día convocó a los más sabios de su reino; a los sacerdotes y a los chamanes, a sus consejeros y a algunos eruditos, conocidos por su gran sabiduría, y les pidió que le dieran la receta de la felicidad. Tras largas jornadas de deliberación que se alargaron hasta convertirse en semanas, esta augusta asamblea le informó de que si lograba ponerse la camisa de un hombre verdaderamente feliz, él también lo sería.

El rey envió enseguida a sus emisarios a los cuatro rincones de su reino en busca de esa extraña perla. Tras varios días de viaje por los rincones más recónditos del reino, uno de los emisarios oyó hablar del «valle cantor», llamado así porque un campesino con una voz de oro lo llenaba a lo largo del día con el eco de sus cantos. «Debe de tratarse de un hombre muy feliz, si canta así todo el día», se dijo el enviado del rey. No le costó ningún trabajo encontrarlo. En efecto, se podía escuchar su magnífica voz de barítono en varios kilómetros a la redonda.

Al acercarse al campesino que estaba arando sus campos, con el torso desnudo, bajo un radiante día de primavera, el emisario le informó de su misión, explicándole que el rey le daría mil veces lo que pesara su camisa en monedas de oro contantes y sonantes aunque estuviese vieja y rota. Una gran sonrisa iluminó el rostro del campesino: «El sol, la lluvia y la brisa perfumada de los campos son mi camisa, no tengo otra», le contestó al desconcertado emisario.

La felicidad es un don gratuito de la vida. Y si no existe ninguna receta infalible para encontrarla, es posible dar muchos pasos y jugar muchas bazas para abrirle la puerta del corazón. Sobre esos pasos y esas bazas trata este libro.

Si tengo hambre, inmediatamente hago lo que está en mi mano para saciarla. Y, actualmente, la mayoría de nosotros tenemos la suerte de poder saciarla de distintas maneras, en función de nuestros gustos. Si ansío la felicidad, también existe toda una serie de pasos que deben seguirse para alcanzarla, ¡aunque estos últimos estén menos definidos que los necesarios para saciar mi estómago!

Durante muchos años, he tenido el privilegio de poder viajar por el mundo. Desde hace treinta y seis años, trabajo con seres humanos –como investigador, animador, periodista, formador de adultos. Si hay algo con lo que me he encontrado en todas las latitudes, es precisamente la búsqueda de la felicidad. Y, aunque en algunas culturas la expresión «buscar la felicidad» no existe, la realidad de esta búsqueda está bien presente. La visión de la felicidad difiere tanto de una cultura a otra como de una persona a otra, aunque a menudo hayan más similitudes concernientes a la visión de la felicidad dentro de una misma cultura que entre culturas diferentes, a pesar de que con la globalización, incluso esto está cambiando muy deprisa.

Pero cuidado con las trampas que rodean a la felicidad. Tal y como afirmaba Pascal Bruckner en su último libro, *L'euphorie perpétuelle,* tan oxigenante como la mayoría de las obras de este ensayista francés, nuestra sociedad de consumo ha suscitado una ideología de la felicidad o, mejor dicho, un terrorismo de la felicidad: puesto que materialmente lo tenemos todo, debemos ser felices.

He aquí una cita de una entrevista de Bruckner en la revista *Psychologie* (mayo del 2000): «*Esta ideología de la felicidad vuelve a engendrar un sentimiento de culpa. Colocar a las personas frente a la obligación de alcanzar la plenitud, forzarlas al éxito tanto psicológico como sexual, físico o amoroso, equivale a culpabilizarlas tácitamente en el caso de no alcanzarlo*». *Y añade:* «*En lugar de admitir que la felicidad es un arte de lo indirecto, que llega o no llega por medio de unos objetivos secundarios, nos la proponen como una meta accesible de forma inmediata, con recetas en las que apoyarnos.*» El objetivo de este pequeño libro puede ser cualquiera salvo éste.

Debemos ser conscientes de que la felicidad no es ninguna obligación, al igual que tampoco es un derecho, en el sentido de los Derechos del Hombre. Tampoco la podemos poseer. Y no se trata de un esfuerzo de voluntad: «Me doy este verano como plazo para alcanzar la felicidad». O bien «Tengo que encontrar la clave en este libro, ¡sino exigiré a Ediciones Obelisco que me devuelvan el dinero!».

Tampoco existe, a Dios gracias, ninguna receta preparada para alcanzar la felicidad, ¡ni un catecis-

mo del hombre feliz! De ser así, ya haría tiempo que la sociedad de consumo la hubiese lanzado al mercado en 36 presentaciones distintas, del rosa al amarillo pálido, con manual de instrucciones simplificado, ¡y la posibilidad de pagar con tarjeta de crédito!

No obstante, desde tiempos inmemoriales, los hombres han escrito libros sobre la felicidad. Este tema siempre ha sido uno de los grandes éxitos editoriales. Quizás, tal como afirma Diderot, ello se deba a que las teorías sobre la felicidad sólo cuentan la historia de aquellos que las realizan. Pero, si a pesar de ello, me he puesto manos a la obra, ante todo se debe a dos razones.

En primer lugar, mis observaciones sobre el comportamiento humano en más de cuarenta países de los cinco continentes me han convencido de que si una receta universal de la felicidad es un completo engaño, existen, sin embargo, ciertas condiciones previas indispensables para conseguirla, ya que sin éstas la felicidad resulta ciertamente inalcanzable. De esta forma, una persona que se sienta constantemente víctima de la vida y de los acontecimientos, difícilmente alcanzará la felicidad, probablemente nunca. Éste es un enfoque que todavía no he encontrado en otros autores sobre este mismo tema. La mayor parte de este libro trata sobre estas condiciones previas. De esta forma, para dejar entrar la luz del día en una habitación con los postigos cerrados, lo primero que habrá que hacer será abrir estos últimos. Esto no nos garantiza que la luz vaya a inundar la habitación si fuera es de noche, pero permitirá que ésta entre con el alba. Este libro nos enseña a abrir los postigos. No garantiza la llegada de la luz. (Primera parte).

La segunda razón que me ha impulsado a ponerme manos a la obra es que estamos viviendo una época en la que reina una gran confusión a todos los niveles –ético, semántico, relacional, social, filosófico, científico, etc. Las antiguas seguridades que se fundamentaban hasta hace poco en la familia, la Iglesia, el Estado, la escuela, el partido político, etc. han desaparecido. En su lugar, observamos una amalgama de ideas y de comportamientos, probablemente sin precedentes en la historia.

Y lo que no facilita las cosas son los cambios constantes, al mismo tiempo, en todos los ámbitos, a toda prisa y en todas partes. Mientras que, durante milenios, la estabilidad era la norma y los cambios la excepción, desde hace unos veinte o treinta años, la ecuación se ha invertido –la norma es el cambio; la estabilidad, la excepción. Si a ello le añadimos la bulimia de la saturación de información y de noticias contradictorias que nos llegan de todas partes, comprenderemos por qué las personas se sienten totalmente desorientadas.

Resulta que una información clara y sencilla, de acceso fácil y rápido, constituye una de las necesidades más patentes de nuestra época. Y esto es lo que explica el pequeño libro que tenéis entre las manos. Espero que con sus prácticos pasos y sus ejercicios de apoyo, éste os ayudará en una de las búsquedas más universales del ser humano: la de la felicidad.

Al escribir este libro siempre he tenido en mente el pensamiento de Paul Valéry: «*Lo sencillo es falso, lo complejo es inmanejable*». No creo que este pensamiento pueda aplicarse universalmente. Existen muchos ámbitos en los que lo verídico es muy sencillo, como la Regla de Oro, y lo complejo a menudo puede utilizarse, como muchos de los prodigios de la técnica. Pero en el ámbito de la divulgación, el pensamiento de Valéry constituye una excelente protección. Espero haber evitado la simplificación al igual que cualquier complejidad inútil. Sólo el lector lo juzgará.

En la segunda parte de esta obra, examinaremos muy brevemente lo que podemos llamar instrumentos de la felicidad, como la definición de prioridades claras, vivir en el momento presente, etc. Está claro que este tipo de clasificación es subjetiva pero no esencial, puesto que, ante todo, la modesta intención de esta obra es la de abrir algunos tragaluces a través de los cuales podréis observar con más tranquilidad el paisaje de vuestra vida, volver a examinar vuestros objetivos y vuestros pasos para alcanzarlos y, sobre todo... ¡esculpir algunos escabeles!

A lo largo de este libro, de vez en cuando, os iréis encontrando con un pequeño escabel de vaquero en una pierna, parecido a los utilizados por los pastores de los Alpes suizos para ordeñar las vacas. Estos escabeles simbolizan la o las preguntas. En efecto, las respuestas son necesarias en la vida, pero tienen una cosa en común con los sillones, en los que nos dormimos fácilmente. Por el contrario, las preguntas son como los taburetes, nos mantenemos en ellos con un equilibrio inestable, pero no podemos dormirnos.

Así pues, cuando examinamos la historia humana, podemos observar que prácticamente en todos los ámbitos, los progresos se han iniciado gracias a alguien que se planteaba una pregunta pertinente –¡y a menudo muy impertinente! Por ejemplo: ¿Y si la Tierra girase alrededor del Sol, en lugar de lo contrario? Estos pequeños escabeles también indicarán unas preguntas que esperamos que os ayuden a avanzar en vuestra búsqueda de la felicidad.

Al contrario que las comidas rápidas, la felicidad instantánea no existe. El filósofo francés Alain decía incluso que *«la felicidad es una recompensa que le llega a aquel que no la ha buscado»*. Distintos autores os propondrán innumerables listas diferentes de los supuestos «ingredientes» para alcanzar la felicidad, como los famosos doce puntos de Ken Keyes en su clásico *Cómo ser feliz* (Ediciones Obelisco). Estos enfoques pueden tener su utilidad pero, al igual que el mío, no son más que postes indicadores. Jamás debemos confundir los postes indicadores con el destino del viaje. Tal y como afirma un proverbio chino, el camino se va haciendo al andar. Vuestro camino hacia la felicidad es puramente personal. ¡Sois la única persona que os la podéis regalar!

Ginebra, Noviembre de 2000

Primera parte

Las bases ineludibles de la felicidad

Saber quién soy

¿Acaso el punto de partida para una vida plena, rica y feliz, no sería sencillamente el de expresar nuestra identidad más profunda a través de todo cuanto somos, pensamos y hacemos, es decir, de ser fieles con nosotros mismos? Esto implica saber *quién soy,* pues, sin saberlo, jamás podré definir por mí mismo una condición previa fundamental de la felicidad, es decir, la de *vivir la vida de acuerdo con mis propios criterios de éxito.*

En nuestra sociedad, hay muchas personas que viven su vida de acuerdo con una imagen del éxito a menudo muy materialista, heredada de su medio social o profesional, de su familia y de los artificiales modelos sociales, presentes sin cesar en los medios de comunicación (estrellas de cine, deportistas, hombres de negocios etc.). Por ello, me resultará mucho más difícil ser fiel conmigo mismo en mis elecciones si no sé quién soy.

Shakespeare escribe en Hamlet: *"Por encima de todo, sé fiel a ti mismo y, al igual que la noche sigue al día, no podrás carecer de autenticidad con nadie.»* Para mí, *ésta es una de las reglas fundamentales y sagradas de la vida*. Cada vez que he cometido un gran error en mi vida, ha sido porque no me he mostrado fiel a mi «Yo» más profundo, a mi integridad fundamental (lo que podemos llamar el «verdadero» yo). En su libro, *The Energy of Money* («La energía del dinero»), la autora, Maria Nemeth, representa los tres niveles de nuestra persona por medio de tres círculos:

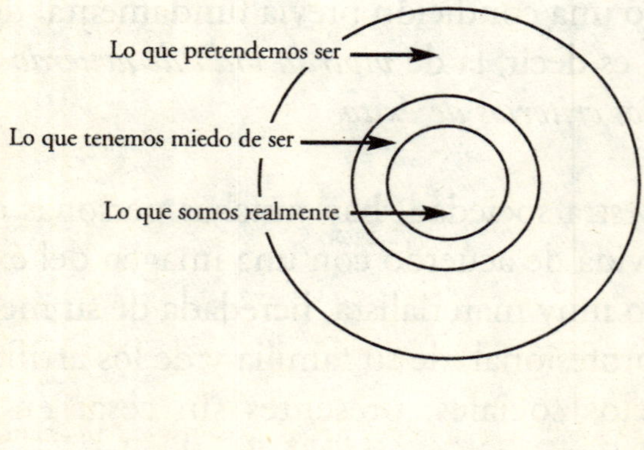

La búsqueda de nuestro Yo más profundo y auténtico es una tarea muy larga, que incluso puede durar años. La buena noticia es que este Yo es infinitamente más espléndido y hermoso que todo cuanto podáis imaginar.

Nuestro amigo Alain[1] vivió esta experiencia hace algunos años. Había recibido una educación religiosa bastante estricta, en la cual la noción de pecado se erigía como un rey, engendrando una culpabilidad omnipresente. Al finalizar sus estudios universitarios, decidió hacer una terapia para intentar comprenderse mejor a sí mismo. Eligió la técnica de soñar despierto. Pero veamos lo que dice:

«Un día, mi terapeuta me dijo que descendiese hasta mis profundidades (interiores, se sobrentiende). El descenso a estas últimas fue extremadamente duro... pero, de repente, llegué hasta el fondo y, entonces, tuve una de las experiencias más extraordinarias de toda mi vida: ***descubrí que el fondo de mi ser, mi verdadero yo, ¡era totalmente bueno!*** *Fue como una botella de champán al abrirse y sentí cómo una inmensa energía invadía todo mi ser.*

1. Hemos cambiado los nombres de las personas cuyos relatos se mencionan en esta obra.

«Durante veinte años, domingo tras domingo, me habían estado predicando la liturgia de que había "nacido en el pecado, que estaba inclinado hacia el mal y que, por mí mismo, era incapaz de nada bueno"; y he aquí que, de repente, descubría todo lo contrario y sabía con total certeza que era verdad. Después de la sesión, me fui al restaurante universitario y todos mis amigos me preguntaron qué era lo que me había pasado.»

Lo que pretendemos ser es la máscara social que llevamos para complacer a los que nos rodean, para formar parte de la sociedad establecida y de sus valores, para conseguir la aprobación de una persona cuya estima nos resulta imprescindible, para llevarnos bien con nuestros padres o con nuestros superiores, etc.

En su último libro, *Éloge du mariage, de l'engagement et d'autres folies* («Elogio del matrimonio, del compromiso y de otras locuras»), (Albin Michel, 2000), Christiane Singer expresa este contundente pensamiento: *«El mundo está lleno de todos estos seres que se alejan de sí mismos, que se dejan utilizar por los demás, al igual que motores de coches robados.»* Nunca podréis llegar a ser felices si circuláis con un motor que no os pertenece, es decir, con unos objetivos y unos valores que no son los vuestros. La buena noticia es que incluso un motor así puede dejarse como nuevo –siempre y cuando encontremos el mecánico adecuado (que podría ser nuestro Yo profundo, una vía espiritual, una buena terapia, etc.).

Lo que tenemos miedo de ser son nuestras dudas sobre nosotros mismos, el miedo de algo que hay en nosotros y que hemos rechazado profundamente, lo que consideramos el aspecto más «oscuro» de nuestra personalidad. También aquí, el desarrollo personal y una búsqueda espiritual, así como otros tipos de enfoque, pueden ayudarnos a cada uno de nosotros –siempre y cuando nos aconsejen adecuadamente y podamos ejercer nuestro propio criterio.

Y lo que somos es lo que descubrió Alain y lo que os espera a todos vosotros si todavía no lo habéis descubierto. Las siguientes líneas pertenecen a uno de los grandes hombres del siglo que acaba de finalizar, Nelson Mandela, primer presidente del África del Sur independiente, y os pueden inspirar a todos. Durante su toma de posesión, citó las siguientes palabras que, desde entonces, han sido utilizadas en todo el mundo:

Nuestro miedo más profundo no es el de no estar a la altura.

Nuestro miedo más profundo es que nuestro poder va mucho más allá de cualquier límite.

Es nuestra propia luz, y no nuestra oscuridad, lo que más nos asusta.

Nos planteamos la pregunta, «¿quién soy yo para ser tan ingenioso y brillante, para tener tanto talento y considerarme tan maravilloso?».

Pero, de hecho, ¿quiénes sois para no serlo?

Sois hijos de Dios. Si os limitáis y os rebajáis, no le hacéis ningún favor al mundo.

Esta iluminación no consiste en que os limitéis para evitar que los demás se sientan inseguros.

Hemos nacido para poner de manifiesto la gloria de Dios en nosotros.

Ésta no sólo se encuentra en unos pocos elegidos: está en cada uno de nosotros y, conforme vayamos dejando brillar nuestra propia luz, inconscientemente, permitiremos que los demás también hagan lo mismo.

Al liberarnos de nuestro propio miedo, nuestra presencia libera automáticamente a los demás.

Si la palabra «Dios» os molesta, podéis sustituirla por «Principio de armonía que gobierna el universo». No debemos tropezar con las formas, lo que cuenta es la esencia, la substancia.

Vamos a proponeros vuestros primeros «**escabeles**» (que, en el dialecto suizo tiene nombres tan sugerentes como «botzer, botte-cul, chaule», etc.).

- *¿Qué significa ser fiel a mí mismo?*
  – en mis relaciones humanas
  – en mis relaciones con el tiempo y el dinero
  – en mi relación de pareja
  – en mi trabajo
  – frente a mi objetivo de vida
  – frente a mis sueños más secretos
  – ....
  (añadir cualquier tema importante para vosotros).

Volved a plantearos estas preguntas una vez que hayáis leído todo el libro (podéis tomar una libreta para ir anotando vuestras respuestas, así como las respuestas a las preguntas que irán apareciendo a lo largo de estas páginas.)

Podemos distinguir *seis elementos importantes de esta fidelidad con respecto a nosotros mismos*, que os permitirán crear vuestra propia felicidad, y no el tipo de felicidad impuesto por vuestros padres, vuestra religión, vuestro medio social, etc.

❶ *Ser nuestra propia autoridad*

Todas las formas de dominación sufridas en el mundo (incluyendo nuestra propia sumisión a nuestro «juez interior» que nos dice constantemente lo que debemos hacer o no hacer, y que nos juzga y nos critica sin cesar) se derivan del hecho de que los individuos *otorgan mucha más autoridad a una persona, a una institución o a una autoridad externa que a ellos mismos.*

Eleonore Roosevelt, esposa del antiguo presidente de los Estados Unidos, expresó una verdad que forma uno de los fundamentos del desarrollo personal –y de una vida feliz: *«Nada ni nadie os puede hacer sentir inferiores sin vuestro consentimiento».*

Podéis sustituir la palabra inferior por culpable, triste, estresado, agresivo, enfadado o cualquier otro término apropiado.

Hace falta valor para negar nuestro consentimiento. Hace falta mucho valor (y bastante clarividencia) para asumir una autoridad que, en su momento, habíamos otorgado a los demás –a nuestro médico, a nuestro psicólogo, a nuestros padres, a nuestro jefe... En este sentido, el valor de ser uno mismo parece ser uno de los constituyentes indispensables de la felicidad.

El psicólogo Rollo May tuvo unas palabras un tanto duras con respecto al valor; unas palabras que tienen mucho que ver con lo que estamos escribiendo. Su texto titulado *«El valor de crear»* bien podría llamarse *«el valor de ser uno mismo»*:

«... Si no expresáis vuestras propias ideas originales, si no escucháis a vuestro propio ser, os engañaréis a

vosotros mismos. Y, al haber renunciado a aportar vuestra contribución, también habréis engañado a la comunidad.

Una de las características de este valor es que requiere que nos centremos en nosotros mismos ya que, de lo contrario, nos sentiríamos vacíos. Por ello debemos centrar nuestros compromisos en nosotros mismos pues, de no ser así, ningún compromiso puede ser auténtico...

El valor no es una virtud como las demás virtudes personales tales como el amor o la fidelidad. Su fundamento es el que subyace y el que proporciona su realidad al resto de las virtudes y de los valores personales. Sin valor, nuestro amor no es más que dependencia. Sin valor, nuestra fidelidad se transforma en conformismo...

En el ser humano, el valor es necesario para hacer que el ser y el futuro resulten posibles.

Una afirmación de uno mismo y un compromiso son esenciales si el yo debe adoptar cualquier tipo de realidad. Esto es lo que distingue a los seres humanos del resto de la naturaleza. Un grano se convierte en trigo, automáticamente, al crecer; y no es necesario ningún compromiso. El cachorro de gato se convierte en un gato adulto en base a su patrimonio genético. La naturaleza y el ser se identifican en criaturas como éstas.

Pero un hombre o una mujer no se vuelven totalmente humanos más que a través de sus elecciones o de sus compromisos. Las personas alcanzan la plenitud y la dignidad por medio de sus múltiples decisiones cotidianas. Estas decisiones requieren valor. Por ello, Paul Tillich nos habla del valor ontológico: es esencial para nuestro ser».

De nuevo os proponemos un escabel que tiene que ver con vuestra sumisión a la autoridad:

- *¿En qué situaciones otorgo más autoridad a otras personas que a mí mismo?*
  - *¿a mi salud?*
  - *¿a la educación de mis hijos?*
  - *¿a mi terapia?*
  - *¿a mi religión (al cura / imán / pastor / rabino)?*
  - *¿al trabajo (a mi jefe de departamento, por ejemplo)?*

Esto no significa que no debamos escuchar a los demás, sino que cuando existe un conflicto entre lo que yo pienso que es mejor para mí y lo que piensa otra persona –por ejemplo, el médico– ¿a quién debo obedecer? Alguien que delega sistemáticamente la autoridad sobre su vida al saber (o a la ignorancia) de los demás, tendrá muchas dificultades para poder ser fiel a sí mismo.

❷ ***Seguir vuestra integridad fundamental***

Ser fieles a lo que sois en lo más profundo de vuestro ser implica ***no engañarse jamás a uno mismo.*** Esto es lo que yo entiendo por integridad personal, que para mí constituye la base de todas las demás cualidades, al igual que el valor (el valor y la integridad son los dos reversos de la medalla –el uno no puede ir sin el otro).

La integridad es la cualidad de nuestro ser en su aspecto más auténtico. Consiste en aferrarse en todo momento a nuestro sentido más elevado de la verdad, a nuestra visión y a nuestro ideal, cueste lo que cueste. Esto significa seguir a cada instante nuestra idea más elevada de lo que es justo en una situación determinada o en una relación, sean cuáles puedan ser las consecuencias, por muy solitario que sea el camino, o por muy fuertes que puedan ser las oposiciones, las bromas o las burlas de los demás.

También consiste en mantenerse intrépido y firme cuando los demás están dispuestos a unos compromisos peligrosos que constituyen otras tantas zonas de confort, de parkings de pago psicológicos y espirituales, o cuando desaparecen en los refugios subterráneos de sus miedos y de su timidez. Es negarse a diluir nuestro propio sentido interior de la verdad, aunque sólo sea para satisfacer, tranquilizar o conseguir la aprobación de un ser querido. (Por zona de confort o parking de pago nos referimos al puesto alcanzado por una persona en su desarrollo personal y en el que se instala sin intentar seguir avanzando).

Por encima de todo, **la integridad consiste fundamentalmente en negarse a hacerse trampas a uno mismo**, en mentirse a sí mismo o en permanecer en la penumbra sin riesgo de las medias verdades. Podemos mentir a los demás y ser perdonados. Pero cuando nos mentimos a nosotros mismos, ¿quién puede reparar el daño? En tales momentos, tan sólo la gracia puede salvarnos.

Pues engañarse a uno mismo equivale a matar el discernimiento, que es la base del verdadero juicio y de una elección válida. Evitar conscientemente lo que, en el fondo de nosotros mismos, sabemos que es verdad, es transformarnos en un camaleón mental. ¿Y a quién le gustaría vivir con una criatura así?

La integridad, como la esencia más íntima de nuestro ser, constituye la médula de nuestra identidad y la base de todas las cualidades, empezando por el amor.

En consecuencia, el mayor crimen que podríamos cometer es el de rebajarnos a nosotros mismos diciéndonos, por ejemplo: «¡Qué fea soy!», «¡Qué estúpido soy!», etc. Nunca volveremos a rebajar a los demás si dejamos de rebajarnos a nosotros mismos.

❸ ***Mantener las promesas que nos hagamos a nosotros mismos***

Esta característica se desprende de la integridad, pero merece ser mencionada por separado, ya que este punto es realmente esencial.

Una de las mayores pérdidas de energía que pueda conocer una persona se desprende del hecho de no mantener las promesas que se hace a sí misma. Peor aún, a la larga, esto hace que termine por no respetarse *–y lo más terrible que puede llegar a ocurrirle a un ser humano es que deje de respetarse.* Además esto es algo que debilita gravemente la voluntad, una cualidad sin la que los seres humanos se convierten rápidamente en una especie de moluscos mentales.

He aquí algunos ejemplos: la persona que cada tres meses se dice a sí misma que va a dejar de fumar, que empieza a practicar el jogging, que inicia un régimen, que empieza cosas que nunca acaba o que se fija una fecha límite para hacer algo y la va retrasando sin cesar. O también está la persona que se jura a sí misma que no va a volver a comprarse ningún jersey ni ningún vestido de forma compulsiva y, después, despilfarra todo su dinero en el primer pub que se encuentra. O bien, el curso que nos comprometemos a seguir o el libro que nos prometemos terminar antes de que acabe el año... la lista es realmente interminable.

En una cámara de aire, un agujerito, por minúsculo que sea, deja escapar todo el aire. Y, de esta misma forma, la persona que no mantiene las promesas que se hace a sí misma, deja escapar una importante cantidad de energía que podría utilizar para avanzar en su camino.

Otro asunto muy habitual consiste en dar largas a las cosas, a veces, incluso durante años; esto es lo que los ingleses llaman *«unfinished business»*. Puede tratarse de una relación cuyo fin nos haya causado un gran dolor y que nunca hemos superado, de una deuda no devuelta, de una promesa que le hayamos hecho a nuestra mujer, a nuestro marido, a nuestros hijos, y que no hemos cumplido, etc.

Por el contrario, cuando ponemos en orden aquellos asuntos a los que les hemos estado dando largas, pueden llegar a ocurrir cosas realmente maravillosas. Me gustaría explicaros la historia de uno de mis mejores compañeros de la infancia, al que llamaré Philippe. Nuestros padres eran bastante amigos y habíamos crecido juntos. Asistíamos a la misma escuela, íbamos juntos de vacaciones, etc. Éramos tan amigos que nos apodaban «los inseparables».

Durante una época, Philippe estuvo saliendo con una joven de la parroquia. Iban muy en serio e incluso hacían planes para casarse. Pero, de repente, de un día para otro, Philippe dejó a su amiga por otra chica... que lo dejó a él poco tiempo después. Entonces emigró a los Estados Unidos y contrajó dos matrimonios que acabaron en dolorosos divorcios.

A los 63 años, regresó a Suiza, su país de origen. Lo había invitado a mi casa. Mi corazón se encogió al verlo sin trabajo, sin amigos y, por momentos, incluso a punto de sufrir una depresión. Un día, se le ocurrió la idea de escribir a su antigua amiga, Hélène, para pedirle perdón por la forma en la que la había dejado (ella nunca se casó, pero había vivido una vida rica y plena). En su carta, Philippe, añadía que no hacía falta que Hélène le contestase, que lo único que quería es que supiese lo arrepentido que estaba por la forma en cómo la había tratado.

Pasado el primer enfado, Hélène decidió volver a ver a Philippe. Y se produjo algo realmente increíble. Ambos se enamoraron ciegamente y se casaron poco tiempo después. Hace 18 meses que están casados y forman una de las parejas más felices de cuantas he conocido en mi vida.

Cualquier «asunto pendiente» bloquea una considerable energía psíquica. Sólo tenéis que vivir esa experiencia vosotros mismos.

Una vez que os hayáis sentado sobre el siguiente escabel, debéis preguntaros a vosotros mismos:

¿Cuáles son los asuntos pendientes de mi vida?

- *¿Deudas no pagadas?*
- *¿Dinero que me deben?*
- *¿Libros u otras cosas que tengo que devolver?*
- *¿Alguna visita que he prometido hacer desde hace meses a un pariente, a un amigo o a un conocido?*
- *¿Alguna tarea (bricolaje, jardinería, reparación) que voy dejando pasar desde hace bastante tiempo?*
- *¿Una reconciliación que espero desde hace... años?*
- *¿Una relación sentimental que voy arrastrando porque no tengo suficiente valor para terminarla?*
- *(¡os toca a vosotros completar la lista!).*

❹ *¡No os comparéis con los demás!*

Durante la mayor parte del tiempo, para muchas personas, la vida en sociedad es un continuo ejercicio de comparación con los demás. Con excesiva frecuencia, estas comparaciones se realizan en un sentido desfavorable para nosotros mismos. Comparamos nuestra apariencia, nuestro «éxito», nuestro sueldo, nuestras relaciones, nuestra posición, nuestro éxito profesional, nuestro aspecto, nuestra salud, nuestros hijos, nuestro coche... –la lista es interminable– con los demás. La publicidad y los medios de comunicación refuerzan este hecho presentándonos unos modelos normalmente imposibles de imitar.

Una de las cosas más difíciles de la vida es negarse a formar parte de este juego, que equivale a un féretro que garantiza la felicidad. Pero esto es muy fácil de decir y muy difícil de hacer.

He aquí algunas preguntas que os ayudarán a realizar una toma de conciencia a este respecto.

1. *¿Cuáles son los ámbitos en los que tiendo a compararme a los demás con más frecuencia?*
2. *¿Por qué motivo lo hago? (¿por un sentimiento de inferioridad? ¿porque mi juez interior me sugiere tal o tal comparación?)*
3. *¿Acaso el sentimiento que tengo en cuanto a mi valor se debe más a lo que hago o a los resultados visibles de lo que consigo, que a lo que soy?*
   En otras palabras, ¿mi principal punto de referencia es el ser o el hacer?

¿Me sería permitido sugerir que el día en el que descubráis la extraordinaria belleza de vuestro verdadero ser, ese ser al que hace alusión Mandela en el texto anteriormente citado, no volveréis a sentir ninguna necesidad de compararos a los demás, sea para bien o para mal? ¿Y que una de las pistas más importantes que debe seguirse de forma inmediata podría ser la de la búsqueda de este Ser?

5 ***Seguir nuestra «leyenda personal»***

En su obra *«El Alquimista»,* el brasileño Paulo Coelho describe a un joven pastor que parte en busca de su leyenda personal, en otras palabras, de un sueño interior, de un proyecto que debe realizar de forma imperiosa para alcanzar su plenitud.

Muchas de las personas realmente felices con las que me he encontrado durante el transcurso de mis viajes, en gran parte debían este resplandor al hecho de que habían conseguido realizar un sueño movilizador que polarizaba todas sus energías. Recuerdo a un joven senegalés, vecino mío, al que llamaré Abdou, y al que conocí durante una de mis largas estancias en África. Se convirtió en uno de mis mejores amigos.

Cuando nos conocimos, tenía aproximadamente unos doce años de edad. Vivía en un barrio de pescadores artesanales, tradicionales, cerca de Dakar. Ya desde niño, pudo observar la explotación de la que eran víctimas estos desorganizados pescadores por parte de los comerciantes, de las fábricas de pescado, del gobierno que negociaba con sus derechos, de las flotas extranjeras que invadían las aguas territoriales y les robaban su pescado.

Muy pronto concibió el proyecto de poder llegar algún día a ayudar a organizarse a estos pescadores. Luchó contra viento y marea para terminar sus estudios secundarios, ya que procedía de una familia extremadamente pobre. Tuvo que superar unos obstáculos realmente increíbles para irse a estudiar al extranjero, donde estuvo trabajando mientras estudiaba. Tras haber obtenido su diploma en un instituto especializado en el desarrollo internacional, se le abrieron todas las puertas, tanto en la administración de su país como a nivel internacional.

Pero escogió regresar a su barrio natal de pescadores. Durante años, tuvo que luchar contra las medidas políticas y administrativas para conseguir organizar a los pescadores, aunque, finalmente, sus esfuerzos dieron su fruto. Actualmente, ocupa un primer plano en cuanto a la organización de los pequeños pescadores tradicionales, tanto a nivel nacional y panafricano como internacional. Abdou consiguió concretar su leyenda personal.

Si nuestra visión está bastante clara, nuestra determinación es lo bastante fuerte y nuestros motivos son honestos, todos podemos conseguirlo.

❻ *Definir el éxito / el fracaso de acuerdo con mis propios criterios y no con los de la sociedad*

Tal y como ya hemos subrayado, uno de los pasos indispensables para alcanzar la felicidad es el de definir el éxito de acuerdo con nuestros propios criterios y no con los de la sociedad, de la familia, del medio social, o los de una persona por la que sentimos una gran admiración, etc.

En el cuadro que aparece aquí abajo, os sugerimos que escribáis la definición de lo que para vosotros representa el éxito en la vida:

Para mí tener éxito en la vida es ....
....
....
....
....
....

Después, deberéis planteaos estas dos preguntas, tipo «taburete de vaquero»:

- *¿En qué medida mis actuales criterios de éxito son realmente míos?*
- *¿Qué es lo que me implicaría seguir realmente mis propios criterios?*

Rechazar cualquier mentalidad o comportamiento de víctima

Estoy dispuesto a afirmar que una persona que atraviesa la vida con una mentalidad de víctima no puede ser feliz. Ya que este tipo de actitud constituye uno de los principales obstáculos para la felicidad, le otorgaremos una especial importancia.

La imagen de uno mismo como víctima: en la vida, la mayoría de las personas se siente víctima de algo o de alguien.

Ejercicio

En un papel en blanco, escribid una lista de todas las cosas que, en la actualidad, hacen que os sintáis víctimas en vuestra vida. Ejemplos: un vecino ruidoso, el trabajo, la salud, la falta de dinero o de tiempo, la educación que habéis recibido, un abuso sexual durante la infancia, el color de vuestra piel o vuestra religión, los impuestos, etc.

¿Cuáles son las características de la víctima?
Durante los seminarios de imagen que imparto desde hace años, los elementos siguientes son los que aparecen con más regularidad como característicos de la persona con una mentalidad de víctima:

se compadece de sí misma, se queja, responsabiliza a los demás, cree en el destino, a menudo suele ser fatalista y pasiva, se deja hipnotizar u obsesionar por los problemas, acostumbra a ver el aspecto negativo de las cosas y a mostrarse pesimista, siempre se imagina que el «sistema» está en contra suya, se refugia sin cesar en las «zonas de confort» psicológico (es decir, espacios interiores en los que nos instalamos en la falta de acción, la pasividad –por pereza mental o por costumbre), tiene una actitud dependiente, invoca sin cesar a la «naturaleza humana» para justificar su inmovilidad, suele utilizar expresiones tales como «no puedo hacer nada», «no es culpa mía», «es mi naturaleza», «soy así», «hay que aceptarme tal y como soy», etc.

Ante todo, la víctima es una persona que ***sufre*** la vida y los acontecimientos, que vive sin cesar en la ***reactividad***. Por ejemplo: alguien os insulta y reaccionáis de la misma forma. Os duele el estómago, os entra el pánico y llamáis a una ambulancia. Entráis en el cine cuando la película ya está empezada y ello os pone de mal humor durante el resto de la velada. Así pues, la reactividad es la base de la alienación, de la dependencia y, llevada a un extremo, se convierte en una forma de comportamiento infantil. Una persona que ***reacciona*** a todo cuanto le ocurre en la vida *otorga el poder a las cosas* *externas,* a las personas, a los acontecimientos y a las dificultades de la vida. Una persona así jamás podrá alcanzar una felicidad duradera.

Afirmaciones que a menudo suelen revelar una mentalidad de víctima

Examinad esta lista. Completadla. Subrayad las expresiones siguientes que acostumbréis a utilizar, u otras similares.

– ¿Por qué esto siempre me pasa a mí?
– ¡No es culpa mía!
– ¿Por qué yo?
– Es tu / su culpa (o la de Dios).
– No puedo hacer nada.
– Si pusieses de tu parte, todo iría mejor.
– Es increíble cuánto puede llegar a irritarme él / ella.
– No es justo.
– Él / ella me ha obligado a...
– Esto me saca de quicio.
– Yo no le he hecho nada y mira lo que me ha hecho él / ella.
– Me pone enfermo el...
– Estoy harto de ...
– ¡Mira lo que me has obligado a hacer!
– Abandono (la partida).
– Antes esto no era así.
– La vida es realmente difícil para mí.

- *Cuando yo era joven / en mi época, jamás nos hubiésemos atrevido.*
- *Cuando haces esto, me vuelves loco/a.*
- *Me siento absolutamente agobiado/a.*
- *No tengo ni un solo minuto para mí.*
- *Es mi naturaleza.*
- *Soy así.*
- *Ya lo he intentado todo.*
- *Si él / ella no fuese tan...*
- *He hecho todo cuanto estaba en mi mano, pero...*
- *Si realmente me amases, no....*
- *Ellos / ellas deberían...*
- *Los demás siempre son más importantes que yo.*
- *He tenido una infancia / un padre / una madre... terrible.*
- *Todavía no me quiero lo suficiente para...*
- *Siempre me acusan a mí.*
- *Siempre hay que hacer lo que tú quieres.*
- *Siempre eres tú quien decide.*
- *Ni siquiera he tenido derecho a un agradecimiento.*
- *Me habías prometido no volver a decir / hacer esto jamás.*
- *Él / ella pasa totalmente de mí.*
- *No se puede ir contra el sistema.*
- *Es culpa del sistema.*
- *Esta gente de la oficina del paro no comprende nada.*
- *Te he dicho mil veces que...*
- *¡Si supieses cuánto he sufrido!*
- *La vida es así.*

- *Si no es una cosa, es otra.*
- *¡Sólo me faltaba este contratiempo!*
- *Realmente, esto es lo último que me esperaba.*
- *El trabajo de una madre / de una mujer nunca se acaba.*
- *Mis hijos / mi marido no valoran lo que hago por ellos, etc.*

El momento más crucial de la vida, el momento en el que realmente nos convertimos en adultos, en el sentido más difícil del término, *es el día en que aceptamos toda la responsabilidad de nuestra existencia.* Y definimos la responsabilidad como *la capacidad para enfrentarnos con inteligencia, creatividad y amor a todo cuanto acaece en nuestra vida.*

Incluso podríamos decir que la ***felicidad es nuestra actitud frente a todo cuanto entra en nuestra vida;*** nuestra capacidad para ver la copa siempre medio llena, en lugar de verla medio vacía. Es una elección que realizamos día tras día, hora tras hora, minuto tras minuto. *Pues la mayor libertad de la que gozamos en la vida es la de la libre elección de nuestros pensamientos y de nuestras actitudes, momento a momento.*

Rechazar esta elección es equivalente a limitarse a adoptar un papel de víctima. Asumirla plenamente es abrir las puertas de par en par al progreso interior, a la plenitud y a la posibilidad de la felicidad.

Pues toda la vida es interpretación. Durante todos y cada uno de los instantes de nuestra vida como adultos (pues el caso de los niños es distinto y no podemos tratarlo aquí), ***elegimos*** cómo vamos a interpretar los acontecimientos y las situaciones que se nos presentan. Como máximo, *de lo único de lo que podríamos ser víctimas realmente... es de nuestra creencia de que podemos ser una víctima pasiva y no consentidora.* Pues, objetivamente, una persona puede ser víctima de una situación –de un terremoto, de un encarcelamiento totalmente injustificado, de una violación, de una grave injusticia, de un rumor– y comportarse subjetivamente como una persona responsable, que asume plenamente la situación y elige ver las posibilidades de crecimiento que le ofrece esta situación en lugar de dejarse vencer por el aspecto negativo de las cosas.

¿Víctima o responsable?

Un negro americano condenado a muerte responde

Me gustaría ilustrar este hecho con un ejemplo real, el de un americano de color condenado a muerte, que estuvo durante trece años en el corredor de la muerte de una de las peores cárceles de América, la Ellis One Unit de Huntsville, Tejas.

Hace ya casi cuatro años que mantengo correspondencia con Roger W. Mc Goven, preso 00889. Fui a visitarle a Ellis One en abril de 1999. Fue uno de los encuentros más memorables de toda mi vida. Tras haber estado hablando durante cuatro horas con este hombre extraordinario, que se convirtió para mí en un verdadero maestro espiritual (y mido mis palabras), decidí no volver a quejarme de nada durante el resto de mi vida. Los lectores comprenderán por qué.

Debo precisar que Roger está en la cárcel por un crimen que no cometió. El abogado de oficio que lo defendió era un alcohólico que siempre se dormía durante las sesiones del tribunal (recientemente, un tribunal de apelación del Estado de Tejas juzgó que, para un abogado, *no era anticonstitucional dormirse durante la defensa de un cliente...* ¡realmente inaudito!). No visitó ni una sola vez a su cliente antes del proceso y se limitó a basar su alegato en el informe policial. En más de una ocasión, el portero de los estrados del tribunal tuvo que ir a buscarlo al bar de la esquina para recordarle que en la corte reclamaban su presencia...

Roger apeló el juicio. Encargaron su caso a otro abogado que no dio señales de vida durante cinco años. Después de cinco años, finalmente, Roger logró ponerse en contacto con él (los detenidos tienen el derecho de hacer dos llamadas telefónicas al año, que pueden ser suprimidas si un guardián está enfadado con un preso). El abogado le informó que había decidido no aceptar su caso... porque uno de los policías involucrados era un buen amigo suyo. Roger le preguntó por qué había tardado tanto tiempo en adoptar esta decisión, puesto que la información había estado disponible desde el principio. Mientras tanto, Roger se había estado pudriendo cinco años en prisión. No recibió ni una sola visita durante los primeros ocho años de su estancia en la cárcel.

Ellis One Unit es una prisión en la que reina una violencia realmente inaudita y un calor sofocante. Durante el verano de 1999, uno de sus compañeros de celda murió a causa del calor (durante el verano de 1998, en esta región, casi llegaron a alcanzar los 45º a la sombra). En invierno puede llegar a hacer mucho frío, ya que en la prisión no hay calefacción como tampoco aire acondicionado. Mientras que Roger estuvo viviendo allí, el desayuno se servía a las 2h 30' de la madrugada, la comida a las 8 h de la mañana y la cena a las 15 h. En octubre de 1999, recibí una carta suya en la que me decía:

«Creo que cada uno de nosotros es responsable de su propia vida... Durante una época, yo era una víctima

y empezaba a sentirme como tal, culpando a todos los demás de mis problemas. Pero me di cuenta de que debía responsabilizarme de mis propias acciones y de que ésta era la única forma de no volver a sentirme una víctima. Cada día escucho quejarse a la gente porque las cosas no funcionan tal y como esperaban, o porque han tenido que trabajar una o dos horas más. Las personas siempre se quejan de lo que no tienen, pero pocas veces se toman la molestia de agradecerle a la Providencia todo cuanto les ha proporcionado. La gente dice que ama la vida, ¿pero cómo puede amar la vida si no sabe vivir?

Cada día encuentro algo por lo que darle las gracias a la Providencia. Cuando hace frío y, por la mañana, los demás se quejan y no quieren salir de la cama, yo salto de la cama y empiezo a frotarme las manos. Y, durante todo el tiempo, le doy gracias a Dios por ser capaz de tener frío y de sentir el frío, ya que muchos de mis compañeros que el año pasado se quejaban del frío, este año ya no están aquí para quejarse. (Porque ya han sido ejecutados). Cada día que pasa y todo cuanto contiene éste, para mí es una verdadera bendición, Pierre... Somos responsables de todo cuanto ocurre en nuestras vidas. Pues, incluso las cosas que permitimos que entren en nuestras vidas, son precisamente las que la van formando. Somos nosotros quienes elegimos si estas cosas proceden del infierno o del cielo.

Por ejemplo, esta misma mañana, uno de los guardas me ha dicho que todos éramos unos animales. Tendría que haber explotado y haberle llamado de todo. Pero, simplemente, le sonreí. Le dije que me entristecía mucho que pensase así y me fui. Cada día, intento por todos los medios demostrar amor a todo el mundo, aunque soy humano y puedo asegurarte que no es fácil. Pero lo haré lo mejor que pueda, esforzándome por recordar que represento la mayor autoridad que existe o que pueda haber, es decir, la de Dios».

En marzo del 2000, Roger fue trasladado a una prisión de alta seguridad situada en Livingstone, Tejas. Las celdas son realmente minúsculas y no poseen más que una pequeña rendija para dejar pasar la luz del día. Los detenidos no tienen ningún tipo de contacto entre ellos y son alimentados a base de comidas frías, a menudo tan sólo con bocadillos de mantequilla de cacahuete o con tortitas frías. Los prisioneros llevan varios días sin ducharse y sin salir al patio. En su primera carta desde este lugar que él describe como *«el peor que haya visitado sobre el planeta»*, sin embargo, dice:

«Pero aún me siento bendecido, Pierre. Me siento bendecido por gozar de una buena salud física y mental; tengo un techo sobre mi cabeza y un lugar donde

dormir. Sean cuales sean las condiciones a las que debo enfrentarme, siempre intento recordar que en todo el mundo hay personas que están en libertad y que, sin embargo, no tienen lo que yo tengo. Me siento bendecido por ser capaz de reconocer mis bendiciones y por ello no me quejaré de las cosas que no tengo... Creo que todos somos uno. Somos uno con todo y con todos, por todas partes, y todos y todo son uno con nosotros. No hay ni tú ni yo, todo esto somos nosotros. Por ello, cuando vemos cosas que no son justas, es algo que nos duele. Porque aquello que se comete contra uno de nosotros, se comete contra todos nosotros».

En una segunda carta desde la nueva prisión, con fecha del 25 de Abril del 2000, Roger explica la increíble humillación que sufrieron los presos durante el traslado desde la prisión de Ellis One a la nueva cárcel de Livingstone. Sus tobillos fueron encadenados, después sus muñecas y, finalmente, les encadenaron las muñecas a los tobillos:

«Aún puedo sentir los hierros que mantenían juntos mis pies y mis manos. Los guardas se reían y se burlaban de nosotros mientras subíamos a los autobuses que nos conducirían a nuestro nuevo destino. Ahora, cuando vuelvo a pensar en ello, no puedo experimentar ningún odio ni animosidad por lo ocurrido.

Estuve rezando durante todo el viaje, pidiéndole a Dios que me protegiese del odio, que me permitiese no mirar a los demás con los mismos ojos que quienes me despreciaban. Podría vivir conmigo mismo y soportar la vergüenza de verme encadenado y atado como un animal, de verme humillado y reducido a la nada. Pero no podría vivir conmigo mismo odiando a aquellos que me odian por el mero placer de odiar. Le pedí a Dios que me diese fuerzas para sonreír, mientras lloraba por dentro, y que me ayudase a andar con la cabeza bien alta, a pesar de las cadenas que mantenían unidas mis muñecas a mis tobillos con el fin de debilitarme. Dios me hizo fuerte por medio de su gracia».

Esta carta ilustra una de las leyes más fundamentales de la vida: ***nuestra vida es la expresión de nuestros pensamientos.*** En cierto modo, y sin saberlo, con frecuencia creamos nuestra propia realidad por medio de nuestros pensamientos. Somos los creadores de nuestro universo, pues en todo momento tenemos la libertad de poder elegir nuestra actitud, nuestras palabras y pensamientos y, sobre todo, ***somos los responsables de la representación que nos hacemos del mundo.***

Mi amiga Martine se cura desde hace unos treinta años con una medicina espiritual. Exceptuando unas fiebres que agarró en África, durante todos estos años jamás tomó medicamentos ni consultó a ningún médico. Hace algún tiempo, empezó a sufrir los síntomas característicos de una angina de pecho –un problema que tanto su madre como su abuelo habían sufrido antes que ella. Se curó con éxito por medio de su enfoque espiritual. Unos años más tarde, tras un período de ejercicios físicos excesivamente vigorosos, se sintió totalmente agotada. Incluso el mero hecho de levantarse de un sillón requería un gran esfuerzo por su parte. Durante varios días, Martine estuvo deambulando por su apartamento. Pero, de repente, un buen día, se rebeló contra este estado. En ese momento, y sin saber muy bien por qué, empezó a mirar por su ventana, desde la cual se podía admirar una espléndida vista sobre los Alpes, y empezó a decir *sí* con mucha fuerza y en voz alta, durante algunos minutos. Dijo *sí* absolutamente a todo cuanto pudiera entrar en su vida, con la profunda convicción de que una ley de armonía fundamental dirigía el universo y de que podía confiar plenamente en el funcionamiento de esta ley. El problema desapareció completamente y de forma instantánea.

Este incidente tuvo un profundo impacto en su vida. Empezó a darse cuenta de que la palabra *sí* representaba una poderosa afirmación de la dimensión fundamentalmente positiva del universo mismo. Era la forma más breve y enérgica de considerarse responsable –capaz de reaccionar con inteligencia, creatividad y amor– con respecto a todo cuanto sucede en nuestra vida. Desde hace años, vive con esta afirmación que es como un *cantus firmus* de una cantata de Bach –la melodía de base a través de la cual el contrapunto se puede desarrollar casi hasta el infinito. Me explicó que muchas veces, paseándose por la calle, acompañaba su marcha con un *sí* silencioso, cada dos pasos.

Años más tarde, en el libro sobre el dinero de Maria Nemeth, anteriormente citado, encontró la siguiente cita, que sujetó con un alfiler en su escritorio, y sustituyó la palabra «prosperidad» por «felicidad». ¿Pues, acaso la felicidad no es la forma suprema de la prosperidad?

«Cada vez que estáis dispuestos a decir ***sí*** *a todo cuanto se presenta en vuestro camino, expresáis el héroe que hay en vosotros. El responder con un* ***sí****, un* ***sí*** *enérgico, a todo, nos sitúa en posición de poder experimentar la prosperidad (la felicidad). La prosperidad (la felicidad) aparece cuando participamos plenamente de todos los aspectos de la vida... Cuando no bloqueáis nada, cuando estáis dispuestos a aprender de todo y os comprometéis a expresar vuestra verdadera*

naturaleza, entonces es cuando sois capaces de experimentar la prosperidad (la felicidad). Esto nos demuestra que la prosperidad (la felicidad) no es algo exterior que espera a poder producirse, sino que se produce ahora, cada vez que os mostráis dispuestos a estar totalmente presentes en vuestras vidas. Por ello, la palabra sí es la más poderosa que se pueda pronunciar».

En nuestros cursillos *¿Se puede aprender a ser feliz?* Impartimos nuestros talleres de *Vivre Autrement,* en un maravilloso paraje de los Alpes suizos, situado a más de 2.100 m (consultar presentación al final de este libro). Dentro de un sobre, les ofrecemos a los participantes un pequeño libro, el más corto de toda la literatura mundial, que pueden leer en 30 segundos. Sólo pueden abrirlo una vez que se han aislado.

Y cuál es su sorpresa cuando, tras haber leído el título que aparece en la portada del libro, se dan cuenta de que todas las páginas están pegadas, exceptuando las del centro. Los participantes descubren... un pequeño espejo en el que se ven reflejados. El impacto es tan fuerte que muy pocos pueden olvidarlo.

> P. Ensador
>
> **La última clave de vuestra felicidad**
>
> Este libro contiene el secreto del éxito en la vida
>
> Editions Universelles

En nuestra cultura judeo-cristiana, algo de lo que la mayoría de las personas se sienten víctimas, consciente o inconscientemente, es del juez interior, de esta voz discreta pero persistente que durante todo el día no deja de hacernos observaciones tales como: «Nunca tendrías que haber...» o, por el contrario, «Realmente, tendrías que haber...», «Ya vuelves a las andadas...», «Has vuelto a fracasar...», así como toda una serie de reproches de los que muy bien podríamos prescindir.

Esta voz interior es uno de los mayores tiranos que pueda haber en nuestras vidas. Con demasiada frecuencia hacemos las cosas por obligación en lugar de hacerlas con alegría, porque este tirano interior ha vuelto a aterrorizarnos de nuevo. Es muy difícil, por no decir imposible, encontrar la felicidad, mientras esta voz siga vociferando y sermoneándonos en lo más profundo de nuestro ser.

Ejercicio

Os deberéis reservar una o dos horas durante las que nadie os moleste. Después, haced una lista por escrito con todos los «Deberías... no deberías...» y las exhortaciones más frecuentes de vuestro juez interior. (Puede tratarse de varias personas, es decir, de una institución como la Iglesia, de una asociación profesional, etc.).

Después mantendréis un diálogo con este juez interior, un diálogo que muy bien podría parecerse al del siguiente texto (cada uno de vosotros deberá escribir el texto que más le convenga): *«Yo soy el único responsable de mi vida. Asumo totalmente las consecuencias de mis elecciones. En el pasado, me enseñaste cuál era tu visión sobre lo que debería hacer, pero ahora voy a decidirlo por mí mismo. Dejo que sigas tu camino, que no es el mío. Elijo seguir mi propio camino con mi guía interior que me ama incondicionalmente, que me acepta y me aprueba tal y como soy»*.

Después, tras haber meditado bien este texto (y haberlo colocado debajo de la cama o colgado en el espejo del cuarto de baño), deberéis quemar ceremoniosamente vuestra lista de los «Tendrías que... no tendrías que...» (quizás solo/a en un parque o en plena naturaleza).

Incluir a los demás en nuestra felicidad

Esta sección será muy breve, puesto que se trata de algo fácil de comprender, aunque algo más difícil de practicar.

Una amiga mía, que participó en un encuentro con el Dalaï Lama en Daramshala, en su centro de la India, subraya que él también compartía esta idea –que suele ser un tema frecuente entre las grandes sabidurías de la humanidad– es decir, que la felicidad no es un objeto de consumo que saboreamos en secreto en nuestra torre de marfil, sino que es algo que sólo dura si se comparte. Personalmente dudo mucho que podamos ser felices estando solos o mientras que las personas que están a nuestro alrededor están sufriendo –a no ser que se trate de una labor humanitaria para aliviar este sufrimiento.

Una metafísica americana del siglo pasado, Mary Baker Eddy, escribía en *Science et Santé avec la Clé des Ecritures*, un libro realmente extraordinario: «*La felicidad es espiritual, nace de la Verdad y del Amor. No es egoísta y por lo tanto no puede existir por sí sola, sino que requiere que participe toda la humanidad*».

Y en uno de los textos fundamentales con respecto al largo camino de la humanidad hacia la conciencia del «uno», de la unidad, un gran poeta de la Antigüedad, describiendo su visión sobre el verdadero ayuno, escribía: «*Éste es el ayuno más placentero para mí: rompe las cadenas de la maldad, desata las ligaduras de la servidumbre, libera a los oprimidos y acaba con cualquier tipo de yugo. Comparte tu pan con aquel que tiene hambre y deja entrar en tu casa a aquellos que no tienen un techo bajo el que cobijarse. Si ves a un hombre desnudo, vístelo y jamás des la espalda a tus semejantes. Entonces la luz despuntará como la aurora y tu sanación brotará enseguida»* (Isaías, cap. 58).

Podemos sustituir «luz» o «sanación» por felicidad, con el fin de obtener un sentido incluso más profundo del texto.

Superar el continuo deseo

Probablemente, hace unos treinta o cuarenta años, jamás se nos hubiese ocurrido incluir este tema dentro de este libro, pero el delirio del consumo ha llegado a alcanzar tales niveles en nuestro mundo que resulta muy difícil escribir sobre la felicidad sin subrayar que la verdadera riqueza no puede ser más que un estado de conciencia.

Un ejemplo de lo absurdo: Un Rolls Royce o unas acciones bancarias no tendrían ningún valor para una tribu del Amazonas, de la misma forma en la que la sabiduría de sus chamanes no constituiría ninguna riqueza para el accionista y dueño del Rolls Royce.

El americano Richard Leitner, que organiza expediciones en África del Este, relata un incidente que marcó un punto decisivo dentro de su vida. Dirigía un grupo de excursionistas occidentales, guiados por un gran Masaï –una etnia de ganaderos de Tanzania y de Kenia. Leitner llevaba a la espalda una gran mochila que había llenado con las típicas cosas que un occidental suele llevarse cuando viaja a una región supuestamente «primitiva» del planeta. Su acompañante africano, que no lleva más que una pequeña bolsa de cuero en forma de bandolera, le pregunta qué es lo que lleva en una mochila tan grande. Leitner le promete vaciarla en cuanto lleguen al campamento. Una vez llegados allí, Leitner vacía todo el contenido de su mochila encima de una manta.

Su nuevo amigo africano le hace solo una pregunta: «*Richard, ¿de verdad, esto te hace más feliz?*». Esta simple pregunta transformó del todo su vida.

En nuestra sociedad, el despilfarro, organizado y *fomentado* por la economía, se ha convertido para algunos en una forma de vida y en una de las condiciones indispensables para la felicidad (o al menos esto es lo que creen). Así pues, no hace mucho tiempo, un importante periódico internacional escribía con respecto a los video-teléfonos (un teléfono portátil con una pequeña pantalla a través de la cual podemos ver a la persona con la que estamos hablando): «*Todos necesitamos un video-teléfono portátil, lo que pasa es que todavía no lo sabemos».* (sic).

Ahora bien, una de las claves de la felicidad es la de una ***profunda satisfacción interior***. Probablemente, incluso es posible que éste sea el estado que más se parezca a lo que nosotros imaginamos como felicidad. Y una de las claves de esta satisfacción es la de la toma de conciencia que ilustra esta frase del *Tao-te-ching*, uno de los libros de la sabiduría china: *«Aquel que sabe que tiene bastante es rico»*.

Ejercicio

Estudiad los diferentes aspectos de vuestra vida: vuestros ingresos, vuestra ropa, el espacio que creéis necesitar, vuestro tiempo, vuestros momentos de ocio, vuestras posesiones materiales (libros, CD, coche, fruslerías, aparatos domésticos, etc. que cada cual elija sus preferidos). Después, en una hoja de papel, anotad todas aquellas cosas que realmente consideréis necesarias para ser felices (no para seguir la moda, ni para rivalizar con vuestros compañeros/as de oficina, o deslumbrar a vuestros amigos/as...).

El siguiente paso será considerar si estáis realmente dispuestos a simplificar vuestra vida, lo cual os permitirá trabajar menos y tener más tiempo para hacer cosas importantes con respecto a la búsqueda de la felicidad como, por ejemplo, el voluntariado, el deporte, los paseos por la naturaleza o la meditación. El voluntariado, siempre que las motivaciones que nos induzcan a practicarlo sean sanas, puede llegar a convertirse en una verdadera fuente de felicidad. El gran poeta hindú, Rabindranath Tagore escribía:

Soñé que la vida era placer.
Me desperté y he aquí que la vida era servicio.
Actué y el servicio era alegría.

Perdonar / dejar pasar el pasado

Cada vez más, la evolución que siguen los conocimientos nos enseña a que consideremos la vida como una transferencia de energía. Según los físicos, nuestros cuerpos son esencialmente energía.

El Dr. Deepak Chopra, un endocrino de origen indio y autor de varios *best-sellers* sobre la salud, afirma que nuestros cuerpos son simplemente

energía + información

E incluso asegura que a través del mecanismo inmunológico, *cada una de las células de nuestro cuerpo experimenta la calidad de nuestros pensamientos* ¡Qué atentos estaríamos a la hora de vigilar lo que pensamos y sentimos si fuéramos plenamente conscientes de esta sorprendente verdad! La expresión popular, «él / ella tiene una buena / mala energía» refleja perfectamente esta intuición.

Tras la muerte de Mao-Tse-Tung en China, en el año 1976, enseguida se apresuraron a convertir en responsables de todas las desgracias de la China a cuatro de sus acólitos. Se trató de la famosa «banda de los cuatro».

Durante los treina y cinco años que llevo trabajando con seres humanos en numerosos países y, desde hace ocho años en particular, como formador dedicado al desarrollo personal, he encontrado otra famosa «banda de los cuatro» que parece estar causando mucho daño a lo largo y ancho del planeta. Se trata de las famosas cuatro R:

Remordimientos - Pesar[2] *- Rencor - Resentimiento*

Estos terroristas interiores son los causantes de numerosos trastornos psicosomáticos, y matan la

2. *N. del T.* En el original, *Regret.*

alegría subyacente que pueda existir en cualquier felicidad auténtica. Constituyen una especie de escoria psíquica que bloquea una enorme cantidad de energía y, en algunas personas, incluso puede llegar a impedir cualquier tipo de progreso en la vida. ¡En mis cursillos, recuerdo a ciertas personas que aún sentían rencor por acontecimientos que habían tenido lugar durante los primeros años de su infancia!

Si queréis conocer la felicidad de una forma profunda y duradera, ¡debéis aprender a rechazar la banda de los cuatro! San Francisco de Asís decía: «*Aquel que no ha aprendido a perdonar ha perdido la mayor alegría que pueda existir en la vida*». Y, con frecuencia, la persona a la que debemos perdonar, es... ¡a nosotros mismos!

Esta forma de ceder de la que estamos hablando tiene muy poco que ver con el concepto de perdón, tal y como se usa en las iglesias. Convertimos en nuestra la definición original y no culpabilizadora de Edith Stauffer, una mujer que ha organizado sesiones sobre el perdón y el ceder en el mundo entero. En su libro sobre el perdón[3] define

3. *Unconditional Love and Forgiveness*, Triangle Publishers, CA, USA, 1986, cuya traducción, desgraciadamente, no está disponible.

a este último como: «*una disponibilidad para tener un determinado tipo de actitud. Se trata de una disponibilidad para ir más allá de las cosas, así como para sentirnos más cómodos y para sufrir menos. Es una disponibilidad que nos ayuda a asumir la responsabilidad de nuestra propia persona y a dejar a los demás que asuman la suya por sí mismos. El perdón es una decisión de no castigarnos a nosotros mismos, tanto por los errores cometidos por los demás como por otras circunstancias. Es la decisión de participar en el flujo de la vida*».

¿Dónde está el pasado? Éste tan sólo existe en nuestra memoria. Nosotros somos quienes elegimos recrearlo (o dejarlo pasar) cada día.

Nos gustaría proponeros un ejercicio tan sencillo como poderoso, que se practica en los cursillos *Vivre Autrement*, y que ha ayudado a muchas personas a liberarse de antiguos rencores o remordimientos, tan tenaces como inútiles.

Ejercicio

Id a un lugar aislado en plena naturaleza, a ser posible un lugar en el que encontréis un terreno bastante empinado (aunque no es indispensable). Luego, llevando (o no) una bolsa, elegid una gran piedra que simbolice algo de vues-

tra vida pasada que os gustaría olvidar, que os gustaría perdonar. Después, durante un cuarto de hora como mínimo, deberéis pasearos con vuestra piedra (preferentemente de subida y llevándola en la bolsa o en la mano) y pensar en una sola cosa: yo soy quien sostiene la piedra y no la piedra la que se agarra a mí. **En el momento en el que quiera soltarla, puedo hacerlo.** *Y en el momento en el que esta verdad haya penetrado lo suficiente en vuestro espíritu, soltad la piedra.*

Durante los seminarios de *Vivre Autrement*, que tienen lugar en la montaña, los participantes suben por empinadas cuestas, a menudo con la piedra entre sus manos. Recuerdo a Jacqueline, una joven terapeuta que, al darse cuenta de que podía soltar su piedra, lloraba de alegría.

Otro ejercicio que podéis hacer está inspirado en el libro de Edith Stauffer, anteriormente citado, y que resumo adaptándolo. Personalmente, he llevado inútilmente una piedra enorme durante treinta y tres años en contra de una persona que me hizo mucho daño cuando era adolescente.

El siguiente ejercicio, que consta de cinco etapas, y que hice dos veces durante treinta minutos, me liberó completamente de esta escoria.

Vamos a utilizar un caso hipotético para ilustrar estos pasos y nos imaginaremos que, hace veinticuatro años, el tío

Albert nos dio una bofetada ante todo el mundo durante una reunión familiar y que aún estamos resentidos por este gesto.

- **Etapa 1:** *«Escojo dejar de castigarme a mí mismo y de sentirme mal por lo que me hizo el tío Albert hace veinticuatro años.»*

- **Etapa 2:** *Imaginad que la persona a la que queréis perdonar (el tío Albert) se encuentra delante de vosotros. Podéis cerrar los ojos y, mientras conserváis la imagen de esta persona en vuestros pensamientos, deberéis decir en voz alta: «Tío Albert, hubiese preferido que no me hubieses dado una bofetada delante de toda la familia» (está claro que cambiaréis vuestras palabras dependiendo del problema al que os enfrentéis).*

- **Etapa 3:** *«Pero, tío Albert, me diste una bofetada que resonó por toda la sala. Aunque yo elijo olvidar este incidente. Elijo liberarme de todo, dejarlo pasar todo y ser libre. Elijo dejar de seguir atravesando mi vida con esta pesada carga que me he impuesto inútilmente a mí mismo.»*

- **Etapa 4:** *«En consecuencia, anulo cualquier petición, expectativa o condición respecto a que hubieras podido comportarte de otra manera durante esta fiesta familiar, y anulo también cualquier expectativa de que, actualmente, te comportes de una determinada forma, es decir, de que me* *pidas perdón. Eres totalmente responsable de tus actos, de tu vida. Te devuelvo a tu propio bien, a tu camino en la vida, te dejo ir».*

- **Etapa 5:** *Sed conscientes de vuestro cuerpo. ¿Cómo se siente? Examinaos para saber si todavía albergáis alguna expectativa determinada con respecto a esa persona. (Podéis hacer exactamente el mismo ejercicio para perdonaros a vosotros mismos.) Si no notáis ningún cambio, volved a empezar el ejercicio otra vez. Deberéis repetirlo para cualquier resentimiento en concreto que experimentéis con respecto a la persona en cuestión. Imaginad que vuestro marido no sólo se ha ido con vuestra mejor amiga, sino que además también ha vaciado la cuenta en común que teníais en el banco y se ha llevado el collar que os regaló el día de la boda. Tendréis que hacer este ejercicio para perdonar a vuestro marido y a vuestra amiga, así como para la cuenta del banco y para el collar, dado que el subconsciente (o el espíritu) no da absoluciones en bloque. Trata cada incidente por separado.*

Si no experimentáis ningún alivio, quizás exista otro incidente que os esté bloqueando a nivel subconsciente. Entonces, os deberéis preguntar: «¿Acaso sigue habiendo algo que todavía esté bloqueando el proceso?». Si éste es el caso, sin duda tomaréis conciencia de ello. Y, si podéis hacerlo sinceramente, deberéis terminar el ejercicio enviándole amor a la persona involucrada.

Cualquier resentimiento crea unas cadenas invisibles que nos mantienen encadenados a la persona hacia la cual alimentábamos este rencor. Podemos ***elegir*** cortar, romper estas cadenas.

Louise Hay escribió: «*Queremos castigar a los demás por lo que nos han hecho; sin embargo, somos nosotros mismos quienes nos recreamos continuamente con la misma escena en nuestras mentes. Resulta estúpido castigarnos en el presente porque alguien nos haya herido en el pasado*».

Amarse a sí mismo

Considero que una falta de amor equilibrado e inteligente hacia uno mismo, en el sentido de una aceptación total de nuestro ser, con nuestras fuerzas y debilidades, sin necesidad de compararnos a los demás, constituye probablemente el problema psicológico nº 1 de nuestra sociedad.

Todos y cada uno de nosotros somos únicos en el mundo. Todos tenemos una contribución especial que hacer en esta tierra. Durante muchos años, me he preguntado la razón de ser de las personas que tienen un profundo retraso mental. ¿Qué hacen en la tierra? ¿Con qué pueden contribuir a la humanidad? ¿Qué sentido pueden tener sus vidas?

Un día, le hice esta pregunta a un hombre extraordinario que dirigía una institución muy conocida por la calidad de sus cuidados, así como por su forma de tratar a estas personas. Jamás olvidaré su respuesta: *«¿Acaso nunca se te ha ocurrido pensar,* me dijo él, *en las cualidades que nuestros huéspedes hacen desarrollar a quienes se ocupan de ellos? ¿Estos tesoros de amor, de paciencia, de compasión y de perseverancia?»* ¡Me hizo comprender que estos «enfermos» eran unos... maestros de primera clase!

No hay ni una sola persona en todo el planeta que pueda competir con vosotros para ser vosotros mismos, ¡ninguna! Tanto si sois un barrendero, como un ejecutivo o una mujer de la limpieza, sois absolutamente únicos. Vuestro valor no radica en lo que hayáis podido realizar sino que, *ante todo, se debe al simple hecho de que existáis.* ¿Podéis aceptarlo?

El día en el que os hayáis aceptado totalmente, que hayáis aprendido a amaros tal y como sois, ya *no podréis volver a experimentar ningún tipo de cólera o de rencor hacia nadie,* ya que toda la agresividad que podemos manifestar hacia los demás no es más que el reverso de una agresividad, profundamente oculta, contra nosotros mismos, de nuestra propia insatisfacción y de la negación de aceptarnos tal y como somos.

Es muy importante que comprendáis esto, pues os ayudará a orientar de una forma abierta y tranquila, y sin poneros a la defensiva, cualquier ataque que se lleve a cabo contra vosotros. En un libro muy sencillo y práctico sobre las relaciones humanas, *Aucune rencontre n'arrive par hasard* («Ningún encuentro tiene lugar por casualidad») (Editions Jouvence, 1998), el sueco Kay Pollak sugiere que cada vez que alguien nos ataque, digamos: he aquí alguien que no está bien consigo mismo, ¿qué puedo hacer para ayudarle?

La única cosa razonable que podría empujarnos a sentirnos insatisfechos con nosotros mismos es *cuando nos engañamos a nosotros mismos* –ya que constituye una de las formas más violentas y sutiles del odio hacia uno mismo.

Ejercicio

Me gustaría proponeros un ejercicio para ayudaros a tomar conciencia de la necesidad de amaros mejor, de atreveros a demostrar algo más de ternura hacia esa maravillosa persona que sois en lo más profundo de vuestro ser.

1. *Cuando cometo un error, ¿me perdono con facilidad, o bien no dejo de hacerme reproches durante más o menos tiempo? (A menudo – a veces – nunca)*

2. *¿Me felicito a mí mismo de vez en cuando? ¿Me concedo algunos pequeños placeres inocentes, sin segundas intenciones? (A menudo – a veces – nunca)*

3. *¿Tiendo a castigarme a mí mismo, por ejemplo, negándome una satisfacción inocente? (A menudo – a veces – nunca)*

4. *¿Creo que merezco de manera gratuita todo el bien que es capaz de concederme el universo y que la vida desea otorgarme?*

5. *¿Acaso sé decir que «no» con serenidad, pero con firmeza, cuando me piden algo que no puedo hacer de corazón (por ejemplo hacer un favor, prestar dinero, malgastar parte de mi tiempo, etc.? (Fácilmente – con dificultad)*

6. *¿Acaso tiendo a conceder mucha más autoridad a los demás que a mí mismo?*

7. *¿Soy indulgente y bueno conmigo mismo? (Por regla general – muy pocas veces). Podemos elegir ser un juez implacable para nosotros mismos o convertirnos en nuestro mejor amigo. La elección es nuestra.*

8. *Cuándo me siento agobiado por los pensamientos negativos, agresivos o totalmente incongruentes, ¿trato a mi espíritu con dulzura, incluso con buen humor o, por el contrario, tiendo a agobiarme a mí mismo? Casi todos solemos dejarnos asaltar por pensamientos realmente aberrantes y a veces son tan incongruentes que incluso nos preguntamos de dónde vienen. Intentemos observarlos como si se tratase de la escena de una película, como algo que no forma parte de nuestra verdadera identidad.*

9. *¿Suelo recurrir a una ayuda exterior, aunque sólo sea llorar sobre los hombros de un amigo, cuando realmente la necesito? (A menudo – pocas veces)*

10. *De pequeños, nos han repetido tantas y tantas veces que teníamos que ser fuertes (sobre todo a los niños) que tendemos a mostrarnos excesivamente duros con nosotros mismos. ¿Acaso me concedo el derecho de disfrutar de algunos momentos de debilidad, sin llegar a agobiarme por ello?*

11. *¿Acepto aquello que todavía no le logrado cambiar en mí? (por ejemplo, tabaquismo, obesidad, ataques de cólera, etc.) sin agobiarme, pero sin renunciar por ello a superar el problema en cuestión? En lugar de desarrollar un complejo de fracaso, pensad que vuestro enfoque no es el adecuado y que os volveréis a plantear la cuestión cuando os sintáis más preparados.*

12. *¿Trato a mi cuerpo como a un viejo y querido amigo que me hace muchos favores y que necesita de mi apoyo y de mi reconocimiento en forma de ejercicio físico y de placeres regulares, de una alimentación sana y de las suficientes horas de sueño? El abuso de drogas (tabaco, alcohol, tranquilizantes, drogas, exceso de medicamentos, etc.) es señal de que una persona no se quiere a sí misma, puesto que compensa sus necesidades de una forma autodestructiva. En nuestra sociedad hay muchas personas que se preocupan mucho más de su coche, sin embargo reemplazable, que de su propio cuerpo, mucho más difícil de sustituir.*

13. *¿Alguna vez suelo concederme el lujo de no hacer nada, simplemente de «estar», sin experimentar ninguna necesidad de justificar esta pérdida de tiempo?*

14. *¿Estoy dispuesto a amarme incondicionalmente? (Este último término es una palabra muy fuerte.) Una forma de verificarlo es a través del ejercicio del espejo. Os deberéis poner frente al espejo y miraros a los ojos, repitiendo lentamente y en voz alta: «me acepto plenamente, me respeto totalmente, me amo incondicionalmente tal y como soy ahora» (o: «quiero amarme incondicionalmente...»). Deberéis hacer este ejercicio cada día, primero durante unos minutos y, después, durante unos períodos cada vez más largos. Al principio, algunas personas experimentan una gran resistencia por parte de la mente (a la que podríamos llamar nuestro «loro interior»),* *pero si perseveran, el loro acaba por callarse y experimentan un inmenso bienestar que se refleja a través de una profunda relajación muscular en todo su cuerpo.*

Podríamos finalizar con las palabras de Louise Hay (que hemos tomado prestadas para adaptarlas a los puntos 2, 7, 8 y 9, anteriormente citados): *«No habéis venido para complacer a los demás ni para vivir de acuerdo con sus reglas. Tan sólo podéis vivir vuestra existencia de acuerdo con vuestras propias normas y seguir vuestro propio camino. Estáis aquí para evolucionar y para expresar vuestro amor lo más profundamente posible. Estáis aquí para aprender, para crecer, para recibir y emitir esta compasión y comprensión. Cuando abandonéis este planeta, no os llevaréis con vosotros a vuestra pareja, ni tampoco vuestro coche, ni vuestra cuenta bancaria, ni vuestro empleo. Lo único que os seguirá será vuestra aptitud para amar.» (La force est en vous,* Editions Vivez Soleil, 1992).

Tener unas prioridades claras

El filósofo romano Séneca afirmaba hace más de 2.000 años que el viento no era favorable más que para el que sabía a qué puerto se dirigía. Resulta muy difícil poder vivir nuestra vida de modo coherente si no nos hemos fijado un objetivo en la vida y unas prioridades claras. Y la definición de las prioridades se halla directamente vinculada a la felicidad: ¿cómo conseguirla si no llegamos a alcanzar, al menos en cierta medida, las cosas que realmente son importantes para nosotros en la vida?

Una historia que se cuenta en todas las escuelas de gestión de empresas resume muy bien el problema de las prioridades.

Un anciano profesor tenía que dar una conferencia de una hora de duración sobre la organización de su tiempo a un grupo de ejecutivos elegidos entre las más prestigiosas empresas de su región. Al llegar ante su atento auditorio, les dijo: *«Vamos a hacer una experiencia.»*

De debajo de la mesa, que estaba situada frente a su auditorio, saca una gran jarra de cristal y un montón de piedras de gran tamaño. Lentamente, con pausa, llena por completo la jarra con las piedras. Después les pregunta a sus brillantes alumnos: *«¿Está llena la jarra?»*. *«¡Sí!»*, responden todos al unísono, sin dudarlo ni por un solo momento.

«¿De verdad?», les contesta el profesor, mientras retira un recipiente con grava que estaba escondido y que derrama lentamente entre los intersticios de entre las piedras. *«¿Y ahora, está llena?»*, pregunta

de nuevo, una vez finalizada la operación. Algunas voces entre el público, que empiezan a comprender el subterfugio, responden: «*Probablemente no*».

«*Tenéis razón*», contesta el sabio. Y retira otro recipiente, lleno de arena, que derrama entre los espacios que han quedado libres en la jarra. Una vez finalizada esta tercera operación, mira a la sala con cierta picardía y pregunta a sus oyentes, que cada vez parecen estar más intrigados: «*¿Está la jarra llena, ahora?*». Nada más plantear la pregunta, todos contestan al unísono con un fuerte «*¡No!*».

«*¡Cuánta razón tenéis!*», contesta el profesor, retirando en esta ocasión un vaso lleno de agua, que va derramando en la jarra hasta llenar la jarra a rebosar.

«*¿Cuál es el significado de esta experiencia?*», pregunta el anciano profesor. Sin dudarlo ni por un momento, uno de los participantes más audaces responde sin titubear: «*Esto demuestra que, incluso aunque pensemos que tenemos nuestra agenda llena, aún podemos organizar mejor nuestro tiempo y llenarla todavía más*».

«*¡Por supuesto que no*», se oye contestar al ejecutivo en cuestión. «*Las piedras gruesas representan las prioridades más importantes de vuestra vida. Puede tratarse de la familia, de la meditación, de un hobby y, por qué no, del éxito profesional o de la salud...*

cada cual con su elección. Si en primer lugar ponéis la arena y la grava en la jarra –las cosas menos importantes– ya no os quedará sitio para las piedras más gruesas. Colocad éstas primero, pues, de lo contrario, jamás alcanzaréis vuestros objetivos.»

Ahora, sobre un papel en blanco, escribid una lista con las cosas más importantes de vuestra vida, aquellas que deseáis realizar a toda costa y que consideráis imprescindibles para vuestra felicidad. Preguntaos si, en cualquier caso, la organización actual de vuestra vida os puede permitir llegar a alcanzar algunos de estos objetivos más importantes. Si éste no es el caso, os deberéis tomar el tiempo necesario para preguntaros qué es lo que debéis cambiar en vuestras vidas para poder acercaros más a vuestros objetivos.

Segunda Parte

LOS INSTRUMENTOS DE LA FELICIDAD

En la primera parte del libro, hemos examinado lo que llamamos las condiciones previas indispensables para la felicidad, como asumir la total responsabilidad de nuestras vidas o amarnos a nosotros mismos. En esta segunda parte, mencionaremos de forma más breve unos factores que también son importantes, aun sin poseer esta cualidad indispensable de los primeros. Está claro que mi división es subjetiva. Pero lo que cuenta no es cómo clasificamos estos factores, ¡sino como los llevamos a la práctica!

Vivir el momento presente

La felicidad sólo puede existir en el instante presente. Una de las cosas que las personas se han dejado arrebatar por la economía de mercado –que ha transformado el tiempo en dinero (quizás la transformación más enfermiza, o incluso patológica que una cultura humana haya podido experimentar)– es el instante presente. No podemos ser felices, completamente felices, más que *ahora,* porque tan sólo podemos vivir plenamente el instante presente. Nadie puede ser feliz *mañana.* Quizás fuisteis felices ayer, pero este ayer ya se ha esfumado definitivamente y no volverá más.

Sin embargo, para muchas personas, la vida es como una especie de carrera ininterrumpida hacia el futuro. Mirad a vuestro alrededor: ¿cuántas personas que conocéis saborean el instante presente como si se tratase de una gota de miel que se funde lentamente sobre la lengua? La aceleración del tiempo, provocada tanto por el ahorro como por las modernas tecnologías, resulta literalmente demencial. Si prestáis atención, observaréis cómo las personas usan cada vez más la palabra «corriendo» en todas sus actividades: me voy corriendo al supermercado; me voy corriendo a telefonear a...; me voy corriendo al lavabo; a fregar los platos... ¡ya no podemos hacer nada de una forma *normal*!

Nuestra sociedad es como un tren de gran velocidad, que va cada vez más deprisa. Hablamos constantemente de progreso, pero nadie define este término. Ni un solo político o economista de renombre es capaz de decir hacia dónde vamos. Al contrario, Stéphane Garelli, un economista suizo de un instituto de gestión de empresas de fama internacional, el IMD de Lausanne, contestaba a un periodista que le preguntaba: *«¿Acaso no estamos asistiendo a una huida colectiva hacia adelante?». «Sí, pero no podemos hacer otra cosa, a no ser que logremos convencer al resto del mundo de que deje de innovar y de enriquecerse»*. Nos quedamos estupefactos ante una opinión así, procedente de una persona dedicada a la formación de grandes directivos.

El rey está desnudo, desesperadamente desnudo, y ni una sola voz lo confiesa entre los dirigentes. Como afirmaba el pensador Ernst Becker: «*Si todo el mundo vive más o menos las mismas mentiras relacionadas con las mismas cosas, no habrá nadie para llamarlos mentirosos. Las personas definen conjuntamente su salud mental y se llaman normales a sí mismas.*» En otras palabras, cuando todo el mundo está loco, la locura se convierte en la norma ¡y a quienes están sanos de espíritu se les considera desviados!

Una vez más, no podemos vivir, lo que se dice ***vivir*** realmente, más que en el instante presente. La «vida eterna» no es un tiempo sin fin –sería algo horrible el infierno, incluso el «cielo». La vida eterna es la conciencia plena de una sucesión infinita de instantes presentes vividos en toda la riqueza de su plenitud. Escuchad las palabras de Dugpa Rimpoché, encontradas en el libro de Jean-Pierre Bourre, *Préceptes de vie* («Preceptos de vida»), que presenta las enseñanzas de este maestro tibetano:

«*No hay ni pasado ni futuro. El instante es el único lugar en el que la experiencia de la vida puede ser captada, comprobada, experimentada. El pasado y el fu-*

turo pertenecen a la fantasmagoría... El instante no tiene límites. Si pudiésemos vivirlo plenamente, sabríamos qué es la eternidad, ya que sólo el presente es eterno... Todo sucede en el mismo lugar, al mismo tiempo y en el mismo momento... El estrés, el cansancio, proceden de tu propio estado de ánimo, que no hace más que vagar y agotarse a causa de los juegos de la imaginación. El pensamiento siempre se orienta hacia el arrepentimiento del pasado o hacia las imágenes de un futuro ideal, imaginario. No son más que fantasmagorías que sólo aportan soledad y sufrimiento, ya que se desarrollan en unas dimensiones que no existen. Tan sólo el presente es real. Es tu fuerza vital, a partir de la cual puedes emprender, construir y realizar tu vida... Considera el instante como lo único seguro. Aprende a descubrir sus riquezas, sus potencialidades. Lo contiene todo. Es el corazón de tu propio corazón.

Cada instante presente, recibido como tal, es un verdadero regalo (¡«presente» significa regalo!). Viviendo cada vez más en el presente, acogemos todos los instantes de la vida como un regalo, y aprendemos uno de los mayores secretos de la vida y de la felicidad: vivir en la gratitud renovada sin cesar.

Ninguna civilización se ha centrado tanto en la persecución de unos objetivos futuros. Pero si el objetivo del viaje está en el modo de viajar, entonces lo único que cuenta es el instante presente. La pregunta primordial ya no es: ¿a dónde voy?, sino, ¿cómo viajo, cuál es mi calidad de vida en este instante?, ¿estoy viajando en la alegría, el amor, el reconocimiento, en la «plena conciencia?» (no podemos imaginar una expresión más hermosa para describir una cierta cualidad de presencia en el instante), o bien, ¿estoy viajando en el estrés, el temor y la elaboración de proyectos para el mañana?

La vida es una escuela; el universo, un laboratorio pedagógico

Una vez que hemos comprendido que absolutamente todo lo que nos ocurre en la vida contiene una lección, que estamos en la tierra para aprender las grandes leyes de la existencia, del universo, entonces toda nuestra vida cambia. Cuando aparecen las dificultades, en lugar de refunfuñar y de quejarnos, nuestra reacción es la siguiente: ¿qué es lo que debo aprender de este revés, de este accidente, de esta desgracia que me viene encima?

Roger, en su celda de 2 x 3 m, en Texas, y cuyo único contacto con el mundo exterior es una abertura en la pared tan pequeña que apenas cabe una taza, ve la mano de la Providencia en todo cuanto le sucede. Martine experimenta una curación instantánea, simplemente pronunciando un rotundo *sí* a todo cuanto entra en su vida. Y, entonces, ¿acaso, nosotros, ante cualquier circunstancia, no podemos ser capaces de buscar el vaso medio lleno en lugar de quejarnos del vaso medio vacío? ***Todo depende de nuestra forma de ver las cosas.***

He aquí algunos «escabeles» que deberiáis tomar en consideración:

1. *¿Qué pasaría si enfoco mis encuentros con la idea de que tengo algo que aprender de quien se cruza en mi camino?*

2. *¿Y si las mayores dificultades de la vida fuesen en realidad sus mayores regalos?*

3. *¿Acaso no podría ser que mis enemigos fuesen en realidad los mejores amigos de mi evolución personal y espiritual?*

La vida nos enseña que cualquier lección rechazada, no asimilada o perdida, se repetirá hasta que sea aprendida. ¡Qué infinita ternura la de este universo que se empeña en hacernos salir de nuestras zonas de confort, de nuestros «parkings de pago» en los que permanecemos por pereza o por miedo al esfuerzo! Es cierto que para ver que todo es un regalo, hay que tener una confianza fundamental en el hecho de que la trama del universo es positiva, buena, afectuosa, que nuestra vida posee un sentido e incluso quizás también algún plan, es decir, que existe una extraordinaria energía cósmica que ha colocado en su lugar las leyes de la vida (que, al mismo tiempo, también son las leyes de la felicidad) ***para nuestro propio bien.***

Una vez le preguntaron a Einstein cuál era la pregunta más importante que se podía hacer respecto al futuro de la raza humana. Einstein contestó: *«Is the universe friendly?»*, que significa: *«¿Es el universo acogedor, positivo y armonioso?»*. Einstein estaba íntimamente convencido de ello. Tenía la convicción de que una ley de armonía fundamental dirigía el universo, convicción que expresó en su famosa ocurrencia: *«Dios no juega a los dados»* con lo que quería decir que «en el universo no existe el azar».

Y como conclusión

Por último, he aquí unas cuantas ideas que considero importantes para quien busca la felicidad.

❶ Todas las respuestas a nuestros problemas están en nosotros

Galileo afirmaba que no se le podía enseñar nada a un hombre, sino que sólo se le podía ayudar a descubrir las respuestas que ya estaban en él. Nadie puede decirnos cómo debemos vivir. Es un descubrimiento que cada cual debe realizar por sí mismo. Cada uno tiene su propia canción; una canción que debe cantar antes de morir.

❷ Toda la vida se construye a base de creencias

En todos los ámbitos de nuestra vida, todo cuanto hacemos se halla determinado por nuestras creencias: lo que comemos, cuántas horas dormimos, nuestra forma de vestirnos, nuestro comportamiento social y profesional, lo que nos hace felices o infelices, nuestra visión del universo y de la vida, del más allá, etc. Ahora bien, *durante todos y cada uno de los instantes de nuestra vida podemos cambiar las creencias que tenemos.* Siempre tenemos la opción de sustituir una creencia «negativa» (por ejemplo: «existe un infierno y los que están condenados permanecerán en él eternamente») por otra más positiva (por ejemplo: «el cielo y el infierno no son lugares, sino estados de conciencia sobre los que podemos ejercer constantemente nuestra influencia»).

Otro ejemplo: «la fidelidad conyugal, en el mundo contemporáneo, se hace muy difícil de llevar». Esta creencia puede ser sustituida por: «la fidelidad conyugal es una extraordinaria fuente de libertad y evita enormes pérdidas de energía».

3 En todo momento, cada uno de nosotros estamos a nuestro más elevado nivel de conciencia
Si la gente pudiese comportarse mejor –ser más cariñosa, más íntegra, fuerte y buena, etc.–, lo haría. ¡Y esto también se aplica a cada uno de nosotros en este instante! Cada uno de nosotros actúa siempre en función de su visión de la vida y del universo, de su visión con respecto a sus relaciones con la sociedad, en función de lo que pueda resultarnos más favorable, de lo que consideramos nuestros deberes y obligaciones, etc.

Comprender y aceptar esto tiene dos consecuencias fundamentales para nuestra paz espiritual, es decir, para nuestra felicidad:
a) Cada vez juzgamos menos a la gente y, seguramente, no hay nada que nos robe tanto nuestra paz interior como el juzgar sin cesar a los demás. Tal y como afirma un proverbio amerindio: *No juzgues a tu prójimo sin antes haber caminado durante quince días con sus mocasines.*

b) Cada vez esperamos menos de la gente. Y, cuanto menos esperamos, menos posibilidades tenemos de sentirnos decepcionados. En efecto, tan sólo si esperamos algo de los demás podemos sentirnos decepcionados cuando éstos no cumplen nuestras expectativas.

❹ Hacerlo siempre lo mejor posible

Hace años, me pregunté cuál era la principal fuente de mi paz interior y llegué a la conclusión de que se debía a que en casi todas las situaciones intentaba hacerlo lo mejor posible. Miguel Ruiz expresa este mismo punto de vista en su libro, *Les Quatre Accords Toltèques,* que os recomiendo encarecidamente. Este libro también podría haberse llamado *La vía tolteca de la felicidad.* Su tono sencillo y directo explica por qué se ha convertido en un *best-seller* en Estados Unidos. Ruiz es un médico mejicano de formación clásica que ha reencontrado la sabiduría de los chamanes de su país, que propaga alrededor del mundo.

Una gran ventaja de dar este paso es que nos libera de los remordimientos y, sobre todo, de las lamentaciones. Si en cualquier situación, siempre he intentado hacerlo lo mejor posible, no tengo por qué culpabilizarme ni lamentarme si las cosas no han salido de otra manera. *Pero, sobre todo, intentar hacer siempre las cosas lo mejor posible nos libera completamente del miedo de ser juzgados por los demás.* Nadie puede hacer las cosas mejor que lo mejor que puede. Si actuáis así por sistema, encontraréis una gran paz de corazón y de alma que os sorprenderá a vosotros mismos.

¡Buen viaje!

Una vez más, debemos recordar que no existe ninguna receta ya preparada para encontrar la felicidad. Tal y como escribe Bruckner en su libro anteriormente citado: *«El gran misterio de la felicidad es que no se limita a los componentes que permiten o frenan su aparición: se pueden reunir en un óptimo conjunto, las sobrepasa a todas, no se deja delimitar ni definir...».* Todo individuo, al ser absolutamente único, tanto en el tiempo como en el espacio, encontrará su propio camino hacia la felicidad, construido a base de diferentes ingredientes. Para algunos, uno de los ingredientes más importantes de la felicidad es el de la necesidad de sentirse útiles socialmente, lo cual se halla estrechamente vinculado a la necesidad de los sentidos. Si no lo he mencionado, es porque conozco a muchos jubilados que parecen felices y para los cuales esta preocupación es el menor de sus problemas. Puesto que el concepto del amor también se halla delimitado por la experiencia de la vida, una persona que ha construido toda su vida en base a su servicio hacia los demás y que encuentra en ello la mayor fuente de felicidad de la existencia, ni siquiera podría concebir existir sin esta dimensión. Y a un jubilado que encuentra toda su felicidad en su jardín, observando a los pájaros, probablemente le costaría mucho llegar a imaginarse que el servicio hacia los demás puede aportar una felicidad tan grande.

Si este libro os ha abierto algunas ventanas, si os ha proporcionado aunque tan sólo sea un instrumento para acercaros un poco más a la felicidad, o simplemente os ha ayudado a definir mejor qué es lo que queréis hacer con vuestras vidas, entonces habrá cumplido de sobra su objetivo. Me gustaría terminar con este pensamiento de Goethe:

«No es suficiente con dar los pasos que deberán conducirnos al objetivo; cada paso debe ser un objetivo en sí mismo, al tiempo que nos conduce hacia adelante.»

¡Que la paz, la fuerza y la alegría os acompañen en vuestro camino, queridos lectores!

Breve resumen del libro para aquellos que deseen conservar estas páginas como recordatorio

La felicidad es un don de la vida, una especie de gracia como resultado de una vida que «funciona» y que se vive en armonía con algunas de las leyes del universo. Pero, en cierto modo, podemos prepararle una «habitación de invitados»: son las condiciones previas de la felicidad, objeto de este libro.

1. *El punto de partida: saber quién soy. En efecto, ¿cómo podría seguir en la vida un camino que refleje de verdad mi identidad más profunda si ignoro esta última? Si soy realmente yo mismo, me convertiré en mi propia autoridad, mi propia referencia, en lugar de irritar a otros. Expresaré una cierta integridad, mantendré las promesas que me haga a mí mismo y dejaré de compararme a los demás. En definitiva, definiré el éxito de acuerdo con mis propios criterios y no con los de la sociedad o mi medio.*

2. *Liberándome de la mentalidad de víctima, asumiendo toda la responsabilidad de mi vida, doy otro gran paso hacia la felicidad. El gran sí a la vida me da una fuerza y una serenidad que no pueden conocer quienes se instalan en el «parking de pago» del papel de víctima. Voy descubriendo cada vez más que mi vida es la expresión de mis pensamientos, y*

voy adquiriendo una mayor conciencia de la contribución decisiva de mis pensamientos (que yo elijo) en la creación de mi propia realidad.

3 *Mi felicidad no se vive en una torre de marfil. Requiere que «participe toda la humanidad».*

4 *Un paso importante y complementario es superar la perpetua agitación del bullicio, constantemente insatisfecho. «Aquel que sabe que tiene bastante es rico.» Se halla vinculado a dejar hacer, al perdón, que es indispensable si quiero seguir hacia adelante sin sobrecargarme con la pesada carga del pasado.*

5 *¿Qué podemos decir de un amor inteligente hacia uno mismo? ¿Cómo poder ni siquiera concebir la felicidad si no me quiero a mí mismo? ¿Y cómo podría dar a los demás aquello que ni siquiera me concedo a mí mismo?*

6 *No olvidaré que tan sólo unas prioridades claras son las que me permiten realizar, sin pérdida de energía, las incesables elecciones ante las cuales nos sitúa la vida a diario.*

7 *Finalmente, entre los principales instrumentos de la felicidad, podemos mencionar: el arte de vivir en el momento presente (el único tiempo que existe realmente), la conciencia de que la vida es una escuela que me colocará constante-*

mente ante las lecciones que debo aprender y me hará tomar consciencia de que todas las respuestas a mis problemas están en mí. Y una vez que he tomado conciencia de que toda la vida está hecha de creencias, descubro la maravillosa libertad que consiste en adoptar únicamente aquellas creencias que me permiten progresar y, ante todo, aquellas que consisten en hacerlo lo mejor que pueda.

Índice